BEI GRIN MACHT SICH IHR WISSEN BEZAHLT

- Wir veröffentlichen Ihre Hausarbeit,
  Bachelor- und Masterarbeit

- Ihr eigenes eBook und Buch -
  weltweit in allen wichtigen Shops

- Verdienen Sie an jedem Verkauf

Jetzt bei www.GRIN.com hochladen
und kostenlos publizieren

Bibliografische Information der Deutschen Nationalbibliothek:

Die Deutsche Bibliothek verzeichnet diese Publikation in der Deutschen National-
bibliografie; detaillierte bibliografische Daten sind im Internet über http://dnb.d-
nb.de/ abrufbar.

Impressum:

Copyright © 2009 GRIN Verlag, Open Publishing GmbH
Druck und Bindung: Books on Demand GmbH, Norderstedt Germany
ISBN: 9783668322370

Dieses Buch bei GRIN:

http://www.grin.com/de/e-book/194591/kultur-und-kommunikation-das-kulturver-
staendnis-und-kulturelle-unterschiede

Karolin Flügel

Kultur und Kommunikation. Das Kulturverständnis und kulturelle Unterschiede nach Geert Hofstede

GRIN Verlag

GRIN - Your knowledge has value

Der GRIN Verlag publiziert seit 1998 wissenschaftliche Arbeiten von Studenten, Hochschullehrern und anderen Akademikern als eBook und gedrucktes Buch. Die Verlagswebsite www.grin.com ist die ideale Plattform zur Veröffentlichung von Hausarbeiten, Abschlussarbeiten, wissenschaftlichen Aufsätzen, Dissertationen und Fachbüchern.

Besuchen Sie uns im Internet:

http://www.grin.com/

http://www.facebook.com/grincom

http://www.twitter.com/grin_com

Karls-Universität in Prag
Fakultät für Sozialwissenschaft
Wintersemester 2008/09

SEMINARARBEIT

Kultur und Kommunikation

Das Kulturverständnis und kulturelle Unterschiede nach Geert Hofstede

Karolin Flügel
Magister Germanistik/Soziologie

Inhaltsverzeichnis

1 Einleitung

Der Mensch prägt seine Überzeugungen und Einstellung, Werte und Normen durch die Gesellschaft, in der er aufwächst sowie durch die jeweiligen Erfahrungen, die er in dieser sammelt. Die Kultur, besonders wenn es als Abgrenzung zwischen unterschiedlichen Religionen, sozialen Gruppierungen und Einstellungen dieser geht, ist zu allgemein, um menschliches Verhalten zu interpretieren. In jeder Gesellschaft gibt es gewisse Werte, Normen und Einstellungen, die der Mensch durch die Gesellschaft in der er aufwächst erlernt, sich aneignet und in seinem Verhalten umsetzt. So gibt es in jeder Kultur bestimmte Überzeugungen und Werte, die sehr beständig sind und von Kultur zu Kultur differenzieren. Kulturbedingte Unterschiede verursachen Hindernisse in der Kommunikation. Um eine interkulturelle Kommunikation zu gewährleisten, müssen diese kulturellen Unterschiede erkannt und berücksichtigt werden. Geert Hofstede hat sich eingehend mit der Thematik der interkulturellen Kommunikation befasst. Dessen Ansicht von Kultur stützt sich auf eine der umfangreichsten empirischen Studien über kulturelle Unterschiede, die im Auftrag von IBM entstanden sind. Dieser multinationale Konzern stand schon vor dreißig Jahren vor dem Problem, dass die Durchsetzung der weltweiten Verfahrensweisen und Standards der Firma in verschiedenen Ländern nicht reibungslos erfolgte und beauftragte demzufolge Hofstede damit, die kulturellen Differenzen in den verschiedenen Unternehmensniederlassungen zu untersuchen. Er legt nach eingehender Forschung Ansätze vor, wodurch eine Kultur individuell gekennzeichnet ist, inwieweit sich Kulturen voneinander unterscheiden und wie man kulturelle Unterschiede und Kommunikationsdifferenzen überbrücken kann. Zielsetzung dieser Seminararbeit soll es sein, Hofstedes Ansatz näher zu beleuchten. Hierzu wird zunächst aufgezeigt, was unter der Kultur im weiteren und engeren Sinn zu verstehen ist und wodurch sich eine jede Kultur auszeichnet. Im Nachhinein wird näher auf die kulturellen Unterschiede von Kulturen eingegangen, um in einem Fazit die Überbrückung kultureller Unterschiede und damit die Gewährleistung reibungsloser Kommunikation zu erläutern.

2 Der Kulturbegriff nach Hofstede

Um die Vorgehensweise Hofstedes einzuordnen, ist es zunächst von Bedeutung das Verständnis von Kultur und die konzeptuelle Grundlage, welche in Hofstedes Forschung maßgeblich ist, nachzuvollziehen. Das Kulturkonzept von Hofstede soll hierbei nicht zu anderen Kulturtheorien kontrastiert werden.

Nach Hofstede gibt es zweierlei Interpretationen von Kultur. Unter der „Kultur Eins" versteht er jene Kultur in einem engeren Sinn, d.h. in eben dieser Kultur ist eine gewisse Verfeinerung des Geistes durch Kunst, Literatur und Bildung kennzeichnend. Von dieser engen Definition grenzt sich Hofstede ab und bezieht sich auf eine weiter gefasste, vornehmlich sozialanthropologische Definition. Unter dieser „Kultur Zwei" versteht Hofstede eine Gemeinschaft, die einen kollektivistischen Geist besitzt. Dieser grenzt sie von einer anderen Kultur entscheidend ab: *„Sie ist die kollektive Programmierung des Geistes, die die Mitglieder einer Gruppe oder Kategorie von Menschen von einer anderen unterscheidet."*[1] Die zweite Kultur stellt für Hofstede die zu untersuchende und bedeutendere Kultur dar. In Anlehnung an Computertechnologien ist eine Kultur die mentale Software eines Menschen, so die Meinung des Wissenschaftlers.[2] Diese drückt sich durch Denkmuster, Handlungsweisen und Gefühle der Menschen aus. Als Sozialpsychologe betont Hofstede hierbei besonders, dass diese „mentale Software" allerdings niemals determinierend zu verstehen ist, sondern lediglich vermuten lässt, welche Reaktionen eine Person in bestimmten Situationen wahrscheinlich oder erwartungsgemäß zeigen wird. Die „menschliche Natur" bzw. die genetische Basis ist die Grundlage der mentalen Software, denn diese Basis ist in allen Menschen gleichwohl vorhanden. Menschliche Natur ist – seiner Auffassung nach – ein mit Genen vererbtes „Betriebssystem", das physische und psychische Grundzüge festlegt. Doch jedes Individuum ist dennnoch einzigartig, da es eine eigenständige Persönlichkeit ausbildet. Zur Persönlichkeitsbildung und Individualität trägt die genetische Basis zwar bei, aber ebenso formen gewisse Erfahrungen und das soziale Umfeld das Individuum. Zentral hierbei ist, dass „Kultur" erlernt und nicht angeboren ist. Sie wird unterschieden von der menschlichen Natur, d.h. dem allen Menschen Gemeinsame sowie der Persönlichkeit eines Individuums: d.h. *„[die] einzigartige persönliche Kombination mentaler Programme, die es mit keinem anderen Menschen teilt."*[3].

---

[1] vgl. Hofstede (2006), Seite 4.
[2] vgl. ebd., Seite 4.
[3] vgl. ebd., Seite 5.

Die Kultur wird durch persönliche Erfahrungen geprägt, die zum Großteil in der Kindheit erfahren werden. Wiederum werden Gefühle des Menschen durch die mentale Software beeinflusst, denn diese gibt an, wie sich der Mensch zu verhalten hat bzw. wie er in manchen Situationen zu reagieren hat.

Um das Verständnis von Kultur näher zu bringen, vergleicht Hofstede eine Kultur mit einer Zwiebel. So setzt sich die Kultur aus sichtbaren und nicht sichtbaren Elementen zusammen. Durch diese Elemente wird die Kultur geprägt und unterscheidet sich von anderen Kulturen. Die drei äußeren Schichten - die Praktiken - sind sichtbare Elemente. Sie sind kulturfremden Personen zwar zugänglich, doch ihre Bedeutung wird zum Großteil nur von Kulturinhabern verstanden. Im Inneren der Zwiebel stehen symbolisch die Werte, die bereits in der Kindheit angeeignet werden. Nach Hofstedes Modell sind die Elemente von außen nach innen für kulturexterne Personen immer weniger einsehbar.

Die drei äußeren Schichten bilden die Symbole, die Helden und die Rituale. Symbole sind Zeichen nonverbaler oder auch verbaler Kommunikation. Diese Symbole haben bestimmte Bedeutungen und dienen ganz gewissen Zwecken, die von den Kulturangehörigen ohne Weiteres verstanden werden. Für kulturfremde Personen sind jedoch Interpretationsmaßnahmen auf diesem Weg schwierig – aber nicht unmöglich. Hofstede teilt die Symbole, der äußeren Schicht zu, da sie oft mehren Kulturen eigen sind.[4] Helden, sind Personen, die in der jeweiligen Kultur aufgrund von Eigenschaften ein hohes Ansehen in dieser genießen. Sie werden oft als Vorbilder gehandelt, an denen das eigene Verhalten abgeglichen wird.[5] Die innerste Schicht der Praktiken bilden die Rituale. Sie unterstützen den Kollektivismus und werden als sozial notwendig angesehen. Es sind Tätigkeiten, die das Gemeinschaftsgefühl stärken. Hofstede führt hier Floskeln wie das Grüßen oder Danken an.[6]

Zusammenfassend lässt sich erkennen, dass sich diese kulturellen Gegensätze in der Sprache, in der Kleidung, in der Nahrung, im sozialen Vorschriften sowie in Benimm-Regeln manifestieren. Hinter dieser sichtbaren Ebene gibt es eine Vorstellung von Werten und Prinzipien, die das Verhalten der Angehörigen einer Kultur steuern. Diese Schlussfolgerungen und Werte werden in einer kulturellen Umwelt vermittelt und erworben. Demzufolge haben Menschen,

---

[4] vgl. Hofstede (2006), Seite 8.
[5] vgl. ebd., Seite 8.
[6] vgl. ebd., Seite 9.

die der gleichen Kultur angehören, in der Regel weniger Verständigungsprobleme und verfügen über einen gemeinsamen Hintergrund an Wissen und Sitten.

Allen Kulturen ist nach Hofstedes Meinung eines gemein. Sie haben es mit vier Grundproblemen der Menschheit zu tun, die vor ihm schon von anderen Sozialwissenschaftlern erläutert wurden, aber durch seine empirischen Studien bestätigt wurden. Diese kulturellen Dimensionen bilden jeweils einen Aspekt der Kultur und sind im Folgenden aufgelistet: die Machtdistanz (von gering bis groß), der Kollektivismus/Individualismus, die Femininität/ Maskulinität und die Unsicherheitsvermeidung. Das nächste Kapitel befasst sich folglich im Einzelnen eingehend mit diesen Dimensionen der Kulturunterschiede.

3 Kulturelle Unterschiede

3.1 Machtdistanzen

Ungleichheit ist ein Phänomen, das in jeder Kultur zu beobachten. In jeder Gesellschaft gibt es Menschen, die hohe Machtpositionen besetzen und wiederum Menschen, die weitaus weniger mächtig sind. Mit der Dimension der Machtdistanz wird widergespiegelt, inwiefern in verschiedenen Ländern mit Ungleichheit umgegangen wird.[7] Diese Dimension ist eine der grundlegendsten Kulturdimensionen, da das Problem von Macht und Ungleichheit in jeder Gesellschaft besteht. Hofstede definiert Machtdistanz als *„das Ausmaß, bis zu welchem die weniger mächtigen Mitglieder von Institutionen (z. B. Familie, Schule, Gemeinschaft) bzw. Organisationen (Arbeitsplatz) eines Landes erwarten und akzeptieren, dass Macht ungleich verteilt ist.“*[8] Sie bestimmt sich also „von unten“ heraus.[9]

In jeder Kultur gibt es große Unterschiede darin, in welchem Maße mit der ungleichen Machtverteilung umgegangen wird. Es herrscht zwischen den Mächtigen und den Machtlosen eine gewisse Distanz auf emotionaler Ebene. Diese Distanz wird in der Forschung als Machtdistanz bezeichnet. Machtdistanz als eine Dimension nationaler Kulturen wird von gering bis hoch operationalisiert. Der darauf basierende Machtdistanzindex ermittelt in einem Land die vorhandene Ungleichheit. Der Punktwert des Machtdistanzindexes gibt an, wie groß die Abhängigkeit von Beziehungen in dem jeweiligen Land ist. Ist die emotionale Distanz zwischen

---

[7] vgl. Hofstede,2006, Seite 59.
[8] vgl. ebd., Seite 59.
[9] vgl. ebd., Seite 59.

5

Mitgliedern der Kultur größer, so kann festgestellt werden, dass die weniger mächtigen Mitglieder der Kultur erwarten und akzeptieren, dass die Macht ungleich verteilt ist. In einem Land mit geringer emotionaler Distanz zwischen Mächtigen und weniger Mächtigen wird die Ungleichheit von den weniger mächtigen Mitgliedern nicht als solches wahrgenommen - die Ungleichheit ist in diesem Fall nicht so stark ausgeprägt und nicht zu erwarten.

Um dies an einem Beispiel fest zu machen, können Betrachtungen der Familienverhältnisse die theoretischen Ausführungen veranschaulichen. In Ländern mit großer Machtdistanz ist es von entscheidender Wichtigkeit, dass die Kinder den Eltern Gehorsam zollen. Es wird von ihnen gleichwohl erwartet, gehorsam zu sein und den Eltern gegenüber Respekt zu erweisen. Den Eltern wird stets Achtung entgegengebracht. In einer Kultur mit geringer Machtdistanz geht es vielmehr darum, dem Kind eine Entwicklung von Unabhängigkeit im Denken und Handeln zu gewährleisten. Kinder werden somit früh zur Selbständigkeit erzogen und als gleichberechtigt angesehen.

Ein weiteres Beispiel soll an dieser Stelle zur Aufklärung beitragen. Betrachtet man die Machtdistanz, welche in der Schule und später am Arbeitsplatz vorherrschend ist, lassen sich ähnliche Strukturen ausfindig machen. In einer Kultur mit hoher Machtdistanz wird den Lehrern und Vorgesetzten mit Respekt begegnet. Es ergibt sich im Zuge dessen ein System mit hierarchischen Strukturen. In diesem gibt es die Mächtigen, die weit über den weniger Mächtigen stehen. Die Macht konzentriert sich lediglich auf die Mächtigen dieses Systems. Prinzipiell werden in diesen Ländern ältere Personen oder eben Vorgesetzte mehr respektiert als jüngere Personen oder weniger mächtige Menschen. Länder mit hoher Machtdistanz sind Länder mit romanischen Sprachwurzeln wie Spanien, Frankreich, Kolonien Afrikas und Südamerikas. Betrachtet man Länder mit geringer Machtdistanz lässt sich das Gegenteil beobachten. Hier werden jüngere Leute weitaus mehr respektiert. In Betrieben ist zu erkennen, dass hier bei Weitem keine solch ausgeprägte Hierarchie zu beobachten ist, wie in Ländern mit hoher Machtdistanz. Die Vorgesetzten zeichnen sich in der Regel dadurch aus, dass sie die Arbeitnehmer in Entscheidungen einbinden und der Chef jederzeit ansprechbar und hilfsbereit ist. Die Mitarbeiter fühlen sich dadurch als gleichberechtigte Mitglieder einer Gesellschaft. Rollen sind gleichsam austauschbar, da ein gewisser Grad an Mobilität immer gegeben ist. Länder mit geringer Machtdistanz sind Länder mit germanischen Wurzeln wie Deutschland, USA, Skandinavien, Australien und Großbritannien.

Abschließend soll nun zusammengetragen werden, inwieweit sich Länder hinsichtlich der Machtdistanz im Allgemeinen voneinander unterscheiden. In Ländern mit geringer Machtdistanz sollte die Ungleichheit zwischen Menschen so gering wie möglich sein. Die Eltern behandeln ihre Kinder wie Ihresgleichen. In Unternehmen ist die Tendenz zur Dezentralisierung zu sehen. In dieser Kultur gehören Macht, Wohlstand und Fähigkeit nicht unmittelbar zusammen. Alle Mitglieder dieser Gesellschaft haben die gleichen Rechte und die Mächtigen treten weniger mächtig auf, als sie es tatsächlich sind.

In Ländern mit hoher Machtdistanz wird Ungleichheit erwartet und erwünscht. Eltern erziehen ihre Kinder zu Gehorsam und erwarten, dass ihnen Respekt entgegen gebracht wird. In Unternehmen ist die Tendenz zur Zentralisierung zu erkennen. Fähigkeit, Macht und Wohlstand lassen sich nicht unabhängig voneinander trennen. Die Mächtigen dieser Kultur genießen gewisse Privilegien und unterstreichen ihre Macht durch ihr Auftreten.[10] Die Tabelle 1 im Anhang trägt die Kennzeichen nochmals in übersichtlicher Form zusammen.

3.2 Femininität und Maskulinität

Des Weiteren unterscheiden sich Kulturen hinsichtlich der Maskulinität und der Femininität. Ob eine Kultur feminin oder maskulin ist wird, anhand des Maskulinitätsindexes bewertet. Ermittelt wird dieser Index an dem sozialen Rollenverhalten von Mann und Frau. Bescheidenheit oder Bestimmtheit im Verhalten sind Indikatoren, die hierbei bewertet werden. „Maskulin" und „feminin" bezeichnen dabei die sozialen sowie kulturell vorherbestimmten Geschlechtsrollen. Diese Begriffe sind dabei als relativ und nicht absolut anzusehen, da auch Frauen maskuline Züge haben können, was sich beispielsweise in bestimmtem, selbstbewussten Auftreten äußert sowie in einer Orientierung an Wettbewerb und Machtkampf. Umgekehrt sind bei Männern feminine Eigenschaften anzutreffen. Häuslichkeit, ein hoher Bezug zur Familie und generell eine von sozialen Aspekten geprägte Einstellung zum Leben stellen hier Indikatoren dar.

In einer femininen Gesellschaft überschneiden sich die Rollen der Geschlechter. So sollen Frauen und auch Männer bescheiden und feinfühlig sein und Wert auf eine gewisse Lebensqualität legen. Hingegen lassen sich in maskulinen Gesellschaften andere Züge erkennen. Die

---

[10] vgl. Hofstede (2006), Seite 71.

Rollen sind hier sehr klar voneinander getrennt. Nur Frauen sind hier bescheiden, feinfühlig und legen den höchsten Wert auf Lebensqualität. Männer hingegen sind leistungsorientierter und selbstbewusster. Auch wird in dieser Gesellschaft Intelligenz höher geschätzt als soziale Fähigkeiten. Länder mit einer hohen Femininität sind z.B. Jugoslawien, die Niederlande und Skandinavien. Japan, Österreich, Italien, Schweiz und Deutschland sind dementgegen Länder mit einer hohen Maskulinität.

Doch in welchen Punkten unterscheiden sich diese Länder weiter voneinander? Sie grenzen sich sehr stark gegeneinander ab in der Wahl ihrer Vorbilder. In maskulinen Ländern werden Kindern Vorbilder vorgelebt, die im Auftreten eine gewisse Härte an den Tag legen. Die Kinder werden dahingehend erzogen, diese zu bewundern und dem nachzueifern. In femininen Gesellschaften zeichnen sich Vorbilder u.a. durch Schwächen aus, die signalisieren sollen, dass es nicht erstrebbar ist, perfekt sein zu wollen. Ziel der Erziehung ist es in diesen Ländern Bescheidenheit im Auftreten zu erlernen. Diese Form des Auftretens ist in maskulinen Gesellschaften nicht erwünscht. Hier, wo die Norm sich nicht am Durchschnitt definiert, misst man den Erfolg des Einzelnen an den Leistungen der Besten, Schnellsten oder Stärksten. Dies führt dazu, dass beispielsweise ein Versagen in der Schule oder der Universität regelrecht als eine Katastrophe empfunden wird - was nicht selten in einer Tragödie endet: in maskulinen Gesellschaften begehen demnach mehr Schüler aus diesem Grund Selbstmord als in femininen Kulturen. In femininen Kulturen wird man ein solches Verhalten höchst selten antreffen, da es hier als wesentlicher angesehen wird, den Abschluss zu erlangen, als unter den Besten zu sein.

Betrachtet man gegenüberstellend die Arbeitsmoral in femininen und maskulinen Ländern, lassen sich wiederum gravierende Unterschiede ausfindig machen. In maskulinen Gesellschaften ist das Bestreben Karriere zu machen sehr groß und stellt für Männer nahezu eine soziale Verpflichtung dar. Ob ihnen Zeit für wichtige Instanzen (z.B. die Familie) bleibt, ist eher zweitrangig. Vielmehr definieren sie sich prinzipiell über ihre Arbeit und Leistungen. Arbeitnehmer in maskulinen Ländern fordern einen Arbeitsbereich bzw. Aufgaben, die für sie eine Herausforderung darstellen. Anerkennung ist das Ziel. In dieser Kultur gilt das Prinzip der Leistungsorientierung. Anders sieht es in femininen Gesellschaften aus. Hier ist es jedem gestattet Karriere zu machen, sowohl Männern als auch Frauen. Ehrgeiz wird in dieser Kultur großgeschrieben, dennoch lastet nicht der Druck Karriere um jeden Preis machen zu müssen auf den Schultern der Mitglieder. Das Privatleben und die Familie kommen hier nicht zu kurz. Freizeit und soziale Aspekte wie Hilfsbereitschaft und zwischenmenschliche Kontakte werden hier als hohe Werte angesehen und gepflegt. Diese Aspekte sind für die Menschen weitaus wichtiger als berufliche Karrieren und der berufliche Aufstieg. In den Unternehmen wird Teamarbeit präferiert und Entscheidungen eher intuitiv getroffen.

Zurückblickend lässt sich Folgendes bis dato feststellen: In maskulinen Kulturen sind materieller Erfolg und Aufstieg vorherrschende Werte. Geld ist den Menschen eine wichtige Größe, worüber sich definiert wird. Von Männern wird Ehrgeiz und Härte erwartet, von Frauen Sensibilität und die Bereitschaft, sich um zwischenmenschliche Beziehungen zu kümmern. Sympathie gewinnt man mit Stärken. In femininen Gesellschaften sind andere Werte zentral. Das Kümmern um Mitmenschen und das Bewahren der Werte steht im Vordergrund. Für diese Menschen ist der Mensch an sich und intakte zwischenmenschliche Beziehungen von Wichtigkeit. Von Frauen wie von Männern wird erwartet, bescheiden zu sein. Sowohl Frauen als auch Männern wird zugestanden, sensibel zu sein und sich um menschliche Beziehungen zu bemühen. Man hegt Sympathie mit den Schwachen.[11] Die Tabelle 2 des Anhangs listet die Hauptunterschiede zwischen femininen und maskulinen Gesellschaften tabellarisch auf.

Zusammenfassend trägt folgende Definition von Geert Hofstede die Intention des Kapitels kurz und prägnant zusammen: „ *Eine Gesellschaft bezeichnet man als maskulin, wenn die Rollen der Geschlechter emotional klar gegeneinander abgegrenzt sind: Männer haben bestimmt, hart und materiell orientiert zu sein, Frauen dagegen müssen bescheidener, sensibler sein und Wert auf Lebensqualität legen. Als feminin bezeichnet man eine Gesellschaft, wenn sich die Rollen der Geschlechter emotional überschneiden: sowohl Frauen als auch Männer sollen bescheiden und feinfühlig sein und Wert auf Lebensqualität legen.* "[12]

3.3 Individualismus und Kollektivismus
Ein weiterer Unterschied zwischen Kulturen besteht darin, wie die Rolle des Individuums gegenüber der Gemeinschaft definiert ist. Dabei stehen sich die Kraft der Gruppe und die Kraft des Einzelnen gegenüber.

In den kollektivistischen Kulturen, die am häufigsten vertreten werden, ist das Interesse der Gruppe dem der Einzelperson übergeordnet. Ein jeder Mensch ist hier Teil einer Gruppe, die

---

[11] vgl. Hofstede (2006), Seite 179.
[12] vgl. ebd., Seite 165.

geschlossen zusammenhält und die entscheidend zur Persönlichkeitsentwicklung beiträgt. Der Mensch sei somit auf seine Gruppe angewiesen. Die Großfamilie wird als Ruhepol und Halt angesehen. Der Mensch ist ein Leben lang mit ihr verflochten und erfährt durch diese Schutz und Sicherheit. Die Familie erwartet im Gegenzug vom Mitglied bedingungslose Loyalität.

In individualistischen Gesellschaften wird das Interesse des Einzelnen höher gewichtet als das der Gruppe. Hier ist der Familientyp der Kernfamilie vorherrschend. Das „Ich" und nicht das „Wir" ist in dieser Kultur von Vorrang. Die Persönlichkeit ist von höchstem Wert und Selbstverwirklichung wird über alle Maße angestrebt. Selbstverwirklichung wird zunehmend als höchstes Ziel angesehen, auch wenn das Wohl der Anderen darunter leidet.

Kollektivismus und Individualismus lassen sich abermals mit Hilfe eines Indexes bemessen: dem Individualismusindex. Werte gegen Null stehen für eine kollektivistische Kultur. Hohe Werte unterstreichen hingegen den Individualismus einer Kultur.

Individualistische Länder sind prinzipiell wohlhabende und industrialisierte Staaten wie die USA, Großbritannien, Schweden aber auch Dänemark. Durchaus können auch Unterschiede zwischen städtischen und ländlichen Gegenden auftreten. Kollektivistisch sind zunehmend arme und traditionell geprägte Länder wie lateinamerikanische und afrikanische Länder. In kollektivistischen Kulturen wird Wert auf einen stetigen Kontakt zwischen einem selbst und den Mitmenschen gelegt. Ein Großteil des Tages wird dafür genutzt, sich in der Gesellschaft anderer zu befinden. Die Mitglieder dieser Kultur sind es gewohnt, selten allein zu sein. Dabei geht man in einer friedlichen Art und Weise miteinander um; wenn Konflikte entstehen, werden diese auf eine friedliche Art und Weise schnell gelöst. Harmonie heißt die Devise und Konfrontationen werden so gut es geht vermieden. Doch gilt es als unhöflich seine Meinung offen zu äußern, wenn diese nicht die Meinung der Gruppe ist. Ein passendes Beispiel für die Zusammengehörigkeit der Gruppe sind Familienfeiern. Diese werden von allen Mitgliedern als sehr wichtig empfunden. Diese Feste tragen zur Festigung des Zusammengehörigkeitsgefühls bei. Jeder hat währenddessen Verpflichtungen, denen er nachkommen muss.

In individualistischen Gesellschaften werden Kinder gänzlich anders erzogen. Ihnen wird nahegelegt, wie wichtig es ist, seine eigene Meinung zu äußern und seinen Standpunkt zu vertreten. Das Wiedergeben anderer Meinungen, wie es in kollektivistischen Gruppen der Fall ist, steht hier für einen schwachen Charakter. Wenn Konfrontationen dazu beitragen seinen

Standpunkt deutlich zu machen, sind sie nicht unerwünscht. Vielmehr ist es durch sie möglich, mit Konflikten umzugehen und Lösungsversuche zu unternehmen.

Auch im Arbeitsleben tun sich zwischen beiden Kulturen Welten auf. In kollektivistischen Gesellschaften bilden Möglichkeiten zur Fortbildung und ein angenehmes Arbeitsklima wünschenswerte Kriterien. Das Verhältnis zwischen Arbeitgeber und Arbeitnehmer kommt einer familiären Beziehung gleich. In individualistischen Gesellschaften wird das Kriterium „Zeit" besonders berücksichtigt. Man strebt eine Arbeit an, in der das Privatleben genügend Raum hat. Auch werden berufliche Entfaltung und Herausforderungen angestrebt. Der Schwerpunkt liegt hier auf der persönlichen Leistung, man möchte eigenständig handeln und sich nicht ausschließlich an Vorschriften halten.

Im Rückblick kann man feststellen, dass Länder mit geringen Machtdistanzen eher individualistisch und Länder mit großer Machtdistanz eher kollektivistisch sind. So zählen zu den individualistischen Ländern die USA, Großbritannien und Australien. Zu den kollektivistischen Ländern zählen Venezuela, Panama sowie Ecuador (vgl. http://www.ibim.de/ikult/2-3.htm). In individualistischen Kulturen ist die Individualität im Individuum begründet. Seine Meinung zu äußern, ist Kennzeichen eines aufrichtigen Menschen. Eine Aufgabe zu erfüllen, hat einen höheren Stellenwert als der Gruppe beizutreten. Das individuelle Interesse hat Vorrang und steht über allem. Hingegen liegt in kollektivistischen Kulturen die Identität im sozialen Netzwerk begründet. Harmonie sollte stets bewahrt werden. Direkte Auseinandersetzungen sind zu vermeiden. Die sozialen Beziehungen haben den höchsten Stellenwert und das kollektive Interesse hat immer Vorrang.[13] Die Tabelle 3 listet die Kennzeichen individualistischer und kollektivistischer Kulturen in übersichtlicher Form auf (vgl. Anhang).

Hinsichtlich dessen kann der Definition nach Hofstede nur zugestimmt werden: *„Individualismus beschreibt Gesellschaften, in denen die Bindungen zwischen den Individuen locker sind; man erwartet von jedem, dass er für sich selbst und seine unmittelbare Familie sorgt. Sein Gegenstück, der Kollektivismus, beschreibt Gesellschaften, in denen Menschen von Geburt an in starke, geschlossene Wir-Gruppen integriert ist, die ihn ein Leben lang schützen und dafür bedingungslose Loyalität verlangen."*[14]

---

[13] vgl. Hofstede (2006), Seite 123.
[14] vgl. ebd., Seite 102.

3.4 Unsicherheitsvermeidung

Die Kulturdimension der Unsicherheitsvermeidung beschreibt den Grad, inwiefern sich die Mitglieder einer Kultur durch ungewisse oder unbekannte Situationen bedroht fühlen. Ausgedrückt wird dieses Gefühl durch ein Bedürfnis nach vorgeschriebenen und ungeschriebenen Regeln. Menschen in Ländern mit starker Unsicherheitsvermeidung handeln stets nach Regeln und Gesetzen und suchen in den bekannten Strukturen, mit denen sich das Unbekannte erklären oder bewältigen lässt. Hier darf Unsicherheit aber nicht mit Risiko verwechselt werden, denn Unsicherheit ist ein unbestimmtes Gefühl, wogegen Risiko auf kein bestimmtes Objekt bezogen ist.

Auch hier operationalisiert Hofstede mit einem Index, um zu ermitteln, ob und in welchem Maß starke Unsicherheitsvermeidung und schwache Unsicherheitsvermeidung vorhanden ist. In Ländern mit schwacher Unsicherheitsvermeidung werden unbekannte Dinge als seltsam aufgefasst. In Ländern mit starker Unsicherheitsvermeidung wird das hohe Angstempfinden schon in der Kindheit gepflanzt. Was anders und unbekannt ist, ist gleichwohl gefährlich. Es gibt strenge Regeln für Dinge, die tabu sind. Anhand dessen entwickelt sich die Persönlichkeit. Es lässt sich nicht vermeiden, dass Werthaltungen sich auch auf Mitmenschen beziehen. So steht man Menschen aus anderen Kulturen nicht immer gänzlich wohlgesonnen gegenüber. Da Menschen anderer Kulturen oder gar anderer Schichten sich womöglich anderes verhalten, wird dieses Verhalten mit Skepsis betrachtet. Völlig anders sieht dies in Ländern mit schwacher Unsicherheitsvermeidung aus. Hier steht Originalität und „Nicht-Genauigkeit" im Vordergrund.

Länder mit starker und schwacher Unsicherheitsvermeidung unterscheiden sich auch hinsichtlich ihres Verhältnisses zur Zeit. Das wird besonders im Arbeitsleben und dem Alltagsleben deutlich. Vieles ist dort von Hektik bestimmt. In Ländern mit starker Unsicherheitsvermeidung ist der Faktor Zeit sehr wichtig. Sie ist streng bemessen und sollte sinnvoll genutzt werden. Die Mitglieder dieser Kulturform verspüren stets den Drang nach Aktivität und Arbeit. Die Menschen schätzen Eigenschaften wie Präzision und Pünktlichkeit. An Gesetze und Vorschriften wird sich stets gehalten.

Auch in Ländern mit schwacher Unsicherheitsvermeidung wird sich an Regeln gehalten, doch wird dies nicht weitaus so strikt verfolgt wie in Gegenkulturen. Die Zeit bildet hier lediglich eine Orientierungshilfe, der Tag wird danach nicht strukturiert. Die Menschen messen hier

Aktivitäten, die der Erholung dienen, eine weitaus höhere Bedeutung zu. Kulturen mit schwacher Unsicherheitsvermeidung sind zugleich ausdrucksschwache Kulturen. Es wird sozial missbilligt, mit Händen und Füßen zu reden oder gar Aggressionen und Emotionen öffentlich zu zeigen. So werden Angespanntheit und Stress nicht nach außen hin gezeigt. In Gesellschaften mit starker Unsicherheitsvermeidung ist es gestattet und willkommen dem Gesagten durch Gesten Ausdruck zu verleihen.

Zusammenfassend betrachtet lassen sich folgende Unterschiede zwischen den Kulturen festmachen: In Ländern mit schwacher Unsicherheitsvermeidung wird die Unsicherheit im Leben hingenommen. Stress wird als geringfügig aufgefasst und trotz dessen besitzen die Menschen ein Gefühl des Wohlbefindens. Aggressionen und Emotionen werden nicht nach außen hin gezeigt. Es gibt wenige Gesetze und Regeln, aber an diese wird sich gehalten. Die Meinung einer Gruppe wird dem Einzelnen nicht aufgezwungen. In Ländern mit starker Unsicherheitsvermeidung wird die innere Unsicherheit als beständige Bedrohung aufgefasst, die bekämpft werden muss. Die Menschen stehen unter großem Stress und verspüren ein subjektives Gefühl der Angst. Aggressionen und Gefühlen werden in geeigneten Situationen nach außen getragen. Länder mit starker Unsicherheitsvermeidung sind Griechenland, Portugal und Russland. Zu den Ländern mit schwacher Unsicherheitsvermeidung zählen Dänemark, Schweden und die USA.[15] Die im Anhang befindliche Tabelle 4 stellt die Unterschiede beider Kulturformen kontrastiv gegenüber.

3.5 Orientierung

Diese fünfte Dimension der Kultur definiert Besonderheiten einer langfristigen und einer kurzfristigen Lebensorientierung. Hofstede nimmt hierbei Bezug auf die Lehren des Konfuzius. In manchen Kulturen zählen allein der Augenblick und die aktuelle Leistung. In anderen Kulturen gelten vielmehr die Nachhaltigkeit und der langfristige Ertrag von Handlungen und Beziehungen als Norm. In Ländern mit langfristiger Orientierung sind die Mitglieder der Kultur beharrlicher und haben in vielen Lebenslagen mehr Ausdauer. Die Beziehungen werden nach dem Status geordnet und die vorgegebene Ordnung wird eingehalten. Die Menschen sind sparsam und besitzen ein großes Schamgefühl. In Ländern mit kurzfristiger Orientierung wahren die Menschen der Kultur unter allen Umständen ihr Gesicht. Die Tradition wird auf das Äußerste respektiert. So legt man großen Wert darauf, sich gegenseitig zu grüßen und

---

[15] vgl. Hofstede (2006), Seite 234.

dem Anderen Gefälligkeiten zu erweisen. Langzeitorientierte Länder, die langzeitorientiert sind beispielsweise China, Taiwan und Japan. Hingegen sind Tschechien, Spanien und Pakistan Beispiele für kurzzeitig orientierte Länder. Die westlichen Länder haben ziemlich ähnliche Werte in dieser Dimension; sie haben alle eine Orientierung auf relativ kurze Zeiträume.[16] Die Tabelle 5 im Anhang thematisiert die wesentlichen Hauptunterschiede zwischen Gesellschaften in Anbetracht der Einteilung Kurzzeitorientierung und Langzeitorientierung.

4 Fazit

Im letzten Kapitel soll im Folgenden darauf Bezug genommen werden, welche Probleme auftreten, wenn Mitglieder unterschiedlicher Kulturen aufeinander treffen und wie kulturelle Unterschiede überbrückt werden können. Treffen Mitglieder unterschiedlicher Kulturen aufeinander, können Konflikte entstehen, da der Kommunikationsstil, ihr Gesprächsverhalten, die Verhaltensweisen, ihr Zeit- und Raumverständnis sowie ihre Lebens- und Arbeitsmoral sich voneinander differenzieren. Zudem besitzen diese unterschiedliche Werte, Einstellungen und Annahmen, die unmittelbar aufeinander treffen. Beide Kulturen interpretieren und bewerten Situationen und das Verhalten des Gegenübers oft unterschiedlich. Auch handeln und entscheiden beide Mitglieder in ähnlichen Situationen anders. Dass beide eben anders handeln, entscheiden und interpretieren, geht daraus hervor, dass jeder die eigene Kultur als maßgeblich für alle Werte und Ansichten ansieht. Es herrscht ein „Wir sind besser und Ihr seid zurückgeblieben – Denken" vor. Das geht zurück auf die soziopsychologischen Verhaltensformen in Gruppen, d.h. der eigenen Gruppe wird der Vorrang gegeben, um sich mit ihr identifizieren zu können. Das Bedürfnis nach Gruppenidentität tritt hier in Kraft. Gerade bei Stereotypisierungen wird diese Haltung oft sichtbar. Stereotypisierungen treten aber auch auf, wenn das Bild über die andere Kultur zu unklar ist. Das heißt, wenn zu wenig Detailwissen vorhanden ist, greifen wir auf Stereotypen zurück. So hat die eigene Kultur immer Vorrang. Man kommt zu der Annahme, dass alle so denken und fühlen wie man selbst und etikettiert jemanden negativ, der dies nicht tut. Die Vielfalt in Gruppen wird gern unterdrückt, weil die Annahme besteht, dass nur homogene Gruppen eine gute Leistung erbringen. Meistens wird sich an der Mehrheitskultur orientiert, der sich die andern unterordnen müssen.

Studien ergaben allerdings, dass das Potential in multikulturellen Gruppen sehr hoch ist. Sie sind kreativer und entwickeln mehrere und bessere Alternativen bei der Problembewältigung

---

[16] vgl. Hofstede (2006), Seite 294.

und erarbeiten bessere Kriterien bei der Evaluierung von Alternativen. Sie werfen unterschiedliche Perspektiven auf und arbeiten auf Synergien hin.

Um kulturelle Unterschiede zu überbrücken, muss man zunächst die kulturellen Unterschiede verstehen und als gegeben hinnehmen. Man sollte wirksam kommunizieren und Synergien finden, um die Unterschiede festzumachen. Kulturelle Unterschiede sollten erkannt, verstandenen und eingeordnet werden, um sie überhaupt überbrücken *zu können*. Ist dies geschafft, sollte der Wille gezeigt werden, die Unterschiede auch überbrücken *zu wollen*. Man sollte sich selbst zurücknehmen und empathisch sein, um den anderen in seinem Verhalten, seinen Einstellungen und Werten verstehen zu können. Man sollte zudem gemeinsame Regeln aufstellen, um eine reibungslose Kommunikation und den Umgang allgemein zu gewährleisten.

In der Kommunikation und im Umgang mit anderen steht die Annahme im Raum, die Anderen denken wie wir, haben die gleichen Einstellungen und Annahmen, fühlen wie wir, haben die gleichen Emotionen, sind ähnlich logisch ausgerichtet wie wir und es läge an ihnen, wenn ein Problem auftaucht. Aufgrund dessen ist es wichtig die Position des anderen einzunehmen, empathisch zu sein, gut zuzuhören, möglichst nicht zu werten und zu urteilen. Zudem ist es von Vorteil neue Umgangsregeln zu schaffen, Interaktionsmuster aufzubauen, das Klären von zugrunde liegenden Werten anzustreben, Ausgangspunkte für Entscheidungen und Aufgabenlösungen zu setzen, das Zeit- sowie Raumverständnis zu klären und den Umgang mit flachen oder steilen Hierarchien zu besprechen. Auch ist es von Bedeutung die Ideen von allen Beteiligten anzuhören und jedem die Chance zu geben sich auszudrücken. Dazu kann man auch entsprechende Regeln aufstellen, damit dies dem einzelnen Individuum leichter fällt. Um Konflikte zu lösen, müssen Konflikte offen ausgetragen werden. Es ist nicht von Vorteil, wenn Meinung nicht offen und ehrlich kund getan werden. Hier ist das Wissen um die Kulturdimensionen sehr wichtig. Empathischer Umgang mit unterschiedlichen Werthaltungen ist ebenso gefragt wie das Nutzen von Ideen, das Explorieren neuer Ideen, Lösungen, die für alle akzeptabel sind und woraus neue Ideen generiert werden können. Von Vorteil ist es sich anzupassen und dem Gegenüber entgegen zu kommen. Es sollte zu keiner Schuldzuweisungen bei Problemen kommen. Probleme müssen auf die kulturellen Unterschiede zurückgeführt werden. Zum Anpassen gehört es auch, andere Gesprächsformen und Verhaltensweisen anzunehmen, Synergien zu findet, ein Bewusstsein von der eigenen Kultur zu entwickeln, sich Wissen über die anderen Kulturen anzueignen, einen Vergleich der wichtigsten Grundwerte anzustellen, sich die wichtigsten Wertunterschiede bewusst zu machen und bewusst Unterschiede zu überbrücken und Synergien zu finden.

5 Literaturverzeichnis

1) Hofstede, Geert (2006): Lokales Denken, globales Handeln. Interkulturelle Zusammenarbeit und globales Management. 3. Auflage. Deutscher Taschenbuch Verlag. München. Seite 1- 13; 22-24; 58- 93; 99-102; 159- 168; 273- 281; 292- 295.

2) Kumbier, Dagmar; Schulz von Thun, Friedemann (2008): Interkulturelle Kommunikation: Methoden, Modelle, Beispiele. 2. Auflage. Rowohlt Taschenbuch Verlag. Reinbek bei Hamburg. Seite 9-28.

3) Maletzke, Gerhard (1996): Interkulturelle Kommunikation. Zur Interaktion zwischen Menschen verschiedener Kulturen. Westdeutscher Verlag. Opladen. Seite 9-23.

4) Thomas, Alexander; Kinast, Eva-Ulrike; Schroll-Machl, Sylvia; Kammhuber, Stefan (): Handbuch interkulturelle Kommunikation und Kooperation: Grundlagen und Praxisfelder. Band 1. Seite 19-32; 94-117. (einsehbar auf: http://books.google.de/books?id=Ya6MVDq8doMC&dq=Handbuch+interkulturelle+Kommunikati-on+und+Kooperation:+Grundlagen+und+Praxisfelder.&printsec=frontcover&source=bl&ots=_Cwg-1-jCA&sig=Kdd1ymbQywdLokrrmyCKRTTf-O4&hl=de&sa=X&oi=book_result&resnum=3&ct=result)

Internetquellen:

1) http://www.soemz.uni-sofia.bg/stud/interkulturell1/main/lern6m/Roth.pdf (zuletzt gesichtet: 09.01.2009)

2) http://www.icunet.ag/uploads/media/DA_Gmach_Loher_-_Mensch_Maschine_Kommunikation.pdf (zuletzt gesichtet: 09.01.2009)

3) http://www.euro-mpa.de/de/Download/Bridging_the_Gap.pdf#page=24 (zuletzt gesichtet: 09.01.2009)

4) http://www.tu-dresden.de/sulifg/daf/mailproj/kursbu12.htm (zuletzt gesichtet: 13.01.2009)

5) http://www.ibim.de/ikult/2-3.htm (zuletzt gesichtet: 13.01.2009)

6) www.lebenslanges-ler-nen.at/filemanager/download/.../Workshop%20Inter**kulturelle**%20Kommunikation%20Karin. (zuletzt gesichtet: 14.01.2009)

Anhang

Tabelle 1: Hauptunterschiede zwischen Gesellschaften mit geringer und mit großer Machtdistanz.

Hauptunterschiede zwischen Gesellschaften mit geringer und mit großer Machtdistanz
1: Allgemeine Norm, Familie, Schule und Arbeitsplatz

Geringe Machtdistanz	Große Machtdistanz
Ungleichheit unter den Menschen sollte so gering wie möglich sein	Ungleichheit unter den Menschen wird erwartet und ist erwünscht
Zwischen den weniger mächtigen und den mächtigen Menschen besteht eine Interdependenz bis zu einem gewissen Grad, und die sollte es auch geben	Weniger mächtige Menschen sollten von den mächtigen abhängig sein. Das sieht dann so aus, dass sich die weniger Mächtigen zwischen den beiden Extremen Abhängigkeit und Kontradependenz befinden.
Eltern behandeln ihre Kinder wie Ihresgleichen	Eltern erziehen ihre Kinder zu Gehorsam
Kinder behandeln ihre Eltern wie Ihresgleichen	Kinder behandeln ihre Eltern mit Respekt
Lehrer erwarten von ihren Schülern Eigeninitiative	Jede Initiative geht vom Lehrer aus.
Lehrer sind Experten, die losgelöstes Wissen vermitteln	Lehrer sind Gurus, die ihr eigenes Wissen vermitteln
Schüler behandeln ihre Lehrer wie Ihresgleichen	Schüler behandeln ihre Lehrer mit Respekt
Menschen mit höherer Bildung neigen zu weniger Autorität als Menschen mit weniger Bildung	Sowohl jene mit mehr als auch jene mit weniger Bildung haben die gleiche Einstellung zur Autorität
Hierarchische Struktur in einer Organisation bedeutet eine ungleiche Rollenverteilung aus praktischen Ungleichheit	Hierarchische Strukturen in Organisationen sind ein Spiegelbild einer Ungleichheit von Natur aus zwischen oberer und unterer Schicht
Tendenz zu Dezentralisation	Tendenz zu Zentralisation
Geringe Gehaltsunterschiede zwischen oberen und unteren Hierarchiestufen	Große Unterschiede im Gehalt innerhalb der Hierarchie
Mitarbeiter erwarten, in Entscheidungen mit einbezogen zu werden	Mitarbeiter erwarten, Anweisungen zu erhalten
Der ideale Vorgesetzte ist der einfallsreiche Demokrat	Die ideal Vorgesetzte ist der wohlwollende Autokrat oder gütige Vater
Privilegien und Statussymbole stoßen auf Missbilligung	Privilegien und Statussymbole für Manager werden erwartet und sind populär

Quelle: Hofstede (2006), Seite 71.
Quelle: http://www.ibim.de/ikult/2-3.htm

Tabelle 2: Hauptunterschiede zwischen femininen und maskulinen Gesellschaften.

Hauptunterschiede zwischen femininen und maskulinen Gesellschaften	
1: Allgemeine Norm, Familie, Schule und Arbeitsplatz	
Feminin	**Maskulin**
Vorherrschende Werte in einer Gesellschaft sind das Kümmern um Mitmenschen und Bewahren der Werte	Vorherrschende Werte sind materieller Erfolg und Fortkommen
Menschen und intakte zwischenmenschliche Beziehungen sind wichtig	Geld und Dinge sind wichtig
Von jedem wird erwartet, bescheiden zu sein	Von Männern wird erwartet, dass sie bestimmt, ehrgeizig und hart sind
Sowohl Männern wie Frauen wird zugestanden, sensibel und um zwischenmenschliche Beziehungen bemüht zu sein	Von Frauen erwartet man, sensibel zu sein und die zwischenmenschlichen Beziehungen zu pflegen
In der Familie sind sowohl der Vater wie die Mutter für Fakten und Gefühle zuständig	In der Familie ist der Vater für die Fakten, die Mutter für Gefühle zuständig
Jungen und Mädchen dürfen weinen, sollen aber nicht kämpfen	Mädchen weinen, jungen nicht; Jungen sollten zurückschlagen, wenn sie angegriffen werden, Mädchen nicht
Sympathie mit den Schwachen	Sympathie mit den Starken
Durchschnittlich guter Schüler ist die Norm	Bester Schüler ist die Norm
Versagen in der Schule ist nicht so schlimm	Versagen in der Schule ist eine Katastrophe
Freundlicher Lehrer wird geschätzt	Der Lehrer wird für hervorragendes Fachwissen geschätzt
Jungen und Mädchen wählen die gleichen Fächer	Jungen und Mädchen wählen verschiedene Fächer
Arbeiten, um zu leben	Leben, um zu arbeiten
Vorgesetzte verlassen sich auf ihre Intuition und streben Konsens an	Von Vorgesetzten erwartet man, dass sie entschlussfreudig und bestimmt sind
Betonung liegt auf Gleichheit, Solidarität und Qualität des Arbeitslebens	Betonung liegt auf Fairness, Wettbewerb unter Kollegen und Leistung
Konflikte werden beigelegt, indem man miteinander verhandelt und nach einem Kompromiss sucht	Konflikte werden beigelegt, indem man sie austrägt
Quelle: Hofstede (2006), Seite 179.	
Quelle: http://www.ibim.de/ikult/2-3.htm	

Tabelle 3: Hauptunterschiede zwischen kollektivistischen und individualistischen Gesellschaften.

Hauptunterschiede zwischen kollektivistischen und individualistischen Gesellschaften 1: Allgemeine Norm, Familie, Schule und Arbeitsplatz	
Kollektivistisch	**Individualistisch**
Die Menschen werden in Großfamilien oder andere Wir-Gruppen hineingeboren, die sie weiterhin schützen und im Gegenzug Loyalität erhalten	jeder Mensch wächst heran, um ausschließlich für sich selbst und seine direkte (Kem-)Familie zu sorgen
Die Identität ist im sozialen Netzwerk begründet, dem man angehört	Die Identität ist im Individuum begründet
Kinder lernen in "Wir"-Begriffen zu denken	Kinder lernen in "Ich"-Begriffen zu denken
Man sollte immer Harmonie bewahren und direkte Auseinandersetzungen vermeiden	Seine Meinung zu äußern ist Kennzeichen eines aufrichtigen Menschen
High-context-Kommunikation	Low-context-Kommunikation
Übertretungen führen zu Beschämung und Gesichtsverlust für einen selbst und die Gruppe	Übertretungen führen zu Schuldgefühl und Verlust an Selbstachtung
Ziel der Erziehung: Wie macht man etwas?	Ziel der Erziehung: Wie lernt man etwas?
Diplome schaffen Zugang zu Gruppen mit höherem Status	Diplome steigern den wirtschaftlichen Wert und/oder die Selbstachtung
Beziehung Arbeitgeber-Arbeitnehmer wird an moralischen Maßstäben gemessen, ähnlich einer familiären Bindung	Beziehung Arbeitgeber-Arbeitnehmer ist ein Vertrag, der sich auf gegenseitigen Nutzen gründen soll
Einstellungs- und Beförderungsentscheidungen berücksichtigen die Wir-Gruppe des Mitarbeiters	Einstellungs- und Beförderungsentscheidungen sollen ausschließlich auf Fertigkeiten und Regelungen beruhen
Management bedeutet Management von Gruppen	Management bedeutet Management von Individuen
Beziehung hat Vorrang vor Aufgabe	Aufgabe hat Vorrang vor Beziehung
Quelle: Hofstede (2006), Seite 123. Quelle: http://www.ibim.de/ikult/2-3.htm	

Tabelle 4: Hauptunterschiede zwischen Gesellschaften mit schwacher und starker Unsicherheitsvermeidung.

Hauptunterschiede zwischen Gesellschaften mit schwacher und starker Unsicherheitsvermeidung 1: Allgemeine Norm, Familie, Schule und Arbeitsplatz	
Schwache Unsicherheitsvermeidung	**Starke Unsicherheitsvermeidung**
Unsicherheit ist eine normale Erscheinung im leben und wird hingenommen	Die dem leben inne wohnende Unsicherheit wird als ständige Bedrohung empfunden, die es zu bekämpfen gilt
Geringer Stress und wenig Angstgefühl	Großer Stress und Angstgefühle
Aggression und Emotion sollte man nicht zeigen	Aggression und Angst können bei geeigneten Situationen herausgelassen werden
Beim Persönlichkeitstest höhere Punktwerte für „Verträglichkeit"	Beim Persönlichkeitstest höhere Punkte für „Neurotizismus"
Findet sich in uneindeutigen Situationen zurecht und kann mit Gefahrensituationen umgehen, auch wenn sie ihm nicht vertraut sind	Akzeptiert Gefahrensituationen, die ihm vertraut sind; Angst vor uneindeutigen und Gefahrensituationen, die ihm nicht vertraut sind
Lockere Regeln für Kinder hinsichtlich dessen, was als schmutzig und Tabu gilt	Strenge Regeln für Kinder hinsichtlich dessen, was als schmutzig und tabu gilt
Entwicklung einer schwachen Über-Ich	Entwicklung eines starken Über-Ich
Ähnliche Art der Anrede für unterschiedliche Anrede	Unterschiedliche Art der Anrede für unterschiedliche Anreden
Was anders ist, ist seltsam	Was anders ist, ist gefährlich
Entspannte Atmosphäre in der Familie	Angespannte Atmosphäre in der Familie
Mehr Kinder in reichen westlichen Ländern	Weniger Kinder in reichen westlichen Ländern
Quelle: Hofstede (2006), Seite 244.	

Tabelle 5: Hauptunterschiede zwischen Gesellschaften.

Hauptunterschiede zwischen Gesellschaften 1: Allgemeine Norm, Familie, Schule und Arbeitsplatz	
Kurzzeitorientierung	**Langzeitorientierung**
Wenn man sich anstrengt, sollte man schnell zu einem Ergebnis kommen	Ausdauer, nicht nachlassende Anstrengungen beim langsamen Erreichen von Ergebnissen
Sozialer Druck bei Geldausgeben	Sparsamkeit beim Umgang mit Ressourcen
Respekt vor Tradition	Respekt vor den Gegebenheiten
Die persönliche Stabilität ist wichtig	Die persönliche Anpassungsfähigkeit ist wichtig
Soziale und Statusverpflichtungen sind wichtig	Bereitschaft, einem Zweck zu dienen
Der Aspekt „Gesicht" ist wichtig	Schamgefühl haben
Quelle: Hofstede (2006), Seite 295.